Viel im Segen

Wünsche und gute Gedanken

ausgewählt und zusammengestellt
von Kathrin Clausing
gestaltet von Ulli Wunsch

Tauch in den Tag
und schmecke alle Kostbarkeiten
und jeder Augenblick
sei frisch und reich
sei wie am ersten Schöpfungsmorgen

Sei wie die Brombeerblüte zart
und aufgetan
bienenbegierig
fruchthungrig
im wechselvollen Licht
bebend im Wind
in einem flimmernd hellen Blau

und höre zart
in dir das kraftvoll Liebeslied.
Der dich erschuf und
immer neu erfindet
heut und morgen
singt es dir.

Margret Roeckner

Mein Wunsch für dich

Wunder säen

Augenblicke streuen
aufs Feld der Zeit.
Klein und schüchtern
liegen sie in der Hand.

Da zieht der Duft
von Lavendel und Rosen
durch die Erinnerung,
und auf der Zunge
liegt Erdbeergeschmack
vom vergangenen Jahr.

Ist doch der Segen
schon ausgegossen.
Heute will ich
ein Wunder säen.

Tina Willms

Wind in der Nase
Gänseblümchen im Blick
reiferauschendes Korn
in den Sinnen
gehe ich barfuß
den steinigen Weg
als wären mir
Flügel gewachsen.

Brigitte Weigelt

Leichtigkeit

Kann man Sonnenstrahlen streicheln?

Kaum hat die Sommersonne die ersten Strahlen über die Berge geschickt und ein neugieriger Hahn den neuen Tag begrüßt, ist der Kleine wach. Alles gute Zureden, alles Gähnen hilft nichts mehr. Das Leben ist zu interessant, es muss erforscht werden. Jetzt, gleich.

Es ist 6:00 Uhr. Um wenigstens die andere Hälfte der Familie noch ein wenig schlafen zu lassen, schnappe ich mir den Kinderwagen und die beiden Jüngsten und mache mich auf zu einem Morgenspaziergang. Der Tau glänzt auf den Wiesen, am Himmel zeigt sich die langsam verblassende Sichel des Mondes. Die ersten Bienen summen, am Waldrand steht ein Reh. Überall gibt es was zu entdecken: für Oma eine Blume pflücken und für Papa einen Stein aufsammeln. Die Nachbarskatze streicheln. Staunen wie ein Kind.

Nach ein paar Schritten sind wir im Wald.

Ein Ausruf der Begeisterung holt mich aus meinen noch müden Gedanken. „Mama, da drüben kann man die Strahlen der Sonne sehen, guck mal, wie ein Vorhang", ruft mir meine Tochter zu. „Mama, kann man die Sonnenstrahlen streicheln?" Wir bleiben stehen und bestaunen dieses kleine Wunder. Die Sonne tanzt durch die noch feuchte Waldluft zwischen den Bäumen auf dem Boden. Zart gelb und von Licht- und Schattenstreifen durchzogen, sieht es tatsächlich aus, als könnte man einzelne Sonnenstrahlen mit den Händen greifen. Ich nehme den Kleinen aus dem Kinderwagen und wir gehen über den weichen Waldboden zu diesem Lichtspiel. „Mama", ruft er glückselig, „die Sonnenstrahlen streicheln uns!" „Das muss ich Papa erzählen", und beschenkt machen wir uns auf den Heimweg, mit ganz viel Hunger auf das Frühstück und auf das Leben.

Cornelia Elke Schray

Spaziere in Deinen neuen Tag
wie in den Frühlingswald.
Entdecke die vielen Grüns
Deines Lebens,
die vielen Knospen,
die auf ihre Entfaltung warten.

Sei dankbar für die Wurzeln,
die Dich tragen,
achte sie und trau auf ihren Halt.

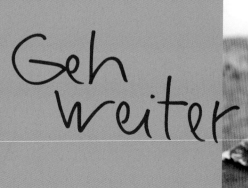

Geh
weiter

Sei offen für Ausblicke,
überraschende Wendungen.
Trau dem Leben
trotz dunkler Wegstrecken.

Manches Grün ist
aus Tränen gewachsen
und wird sich entfalten.

Geh weiter. Du bist behütet.

Ursula Palm-Simonsen

Morgens beim Aufwachen
wie's Kätzchen sich recken,
voll Dank die Hände zum Himmel strecken,
mit Lust und Laune den Tag beginnen
und ihn erleben mit allen Sinnen,
ein Quäntchen Humor,
um mit den Menschen zu lachen,
so wird das Leben dir Freude machen.

Annedore Großkinsky

Da kommt
Freude auf

Unverhofft

Du bringst mir oft
und unverhofft Glück:

Behutsam hältst du es
in deinen Kinderhänden,

als wüsstest du,
wie zerbrechlich es ist.

Tina Willms

Ein Dach wünsch ich dir,
unter dem du geborgen,
eine Hütte, ein Zuflucht
jeden Abend, jeden Morgen.

Einen Schutz wünsch ich dir
vor der Hitze, vor dem Regen.
Einen Mund, der dich tröstet,
eine Hand, dir zum Segen.

Sieh die Früchte des Feldes,
nimm das Brot und den Wein.
Lass die Tür nicht geschlossen:
Hol den Bruder herein!

Barbara Cratzius

Du
bist
nicht
allein !

Ein neues Jahr
liegt vor dir

ein unbeschriebenes Blatt
mal darauf deine Träume
deine Wünsche
in leuchtenden Farben

und dann brich auf
im Licht des Regenbogens
und lebe deinen Traum

Maria Sassin

Unbeschriebenes
Blatt

Segenswunsch

Der Herr
berge dich in seiner
liebenden Hand
und lasse seine Engel
über dir wachen

Seine Liebe umhülle dich
als wärmender Mantel
bis du ganz geborgen bist

Er sende dir einen Stern

Carola Vahldiek

Bibliographische Information der Deutschen Nationalbibliothek:
Die Deutsche Nationalbibliothek verzeichnet diese Publikation in der
Deutschen Nationalbibliographie; detaillierte Daten sind im Internet über
http://dnb.d-nb.de abrufbar.

ISBN 978-3-86917-257-6
© 2013 Verlag am Eschbach der Schwabenverlag AG
Im Alten Rathaus/Hauptstr. 37
D-79427 Eschbach/Markgräflerland
Alle Rechte vorbehalten.
www.verlag-am-eschbach.de

Gestaltung: Ulli Wunsch, Wehr
Satz und Repro: Schwabenverlag Media der Schwabenverlag AG, Ostfildern-Ruit
Herstellung: Süddeutsche Verlagsgesellschaft Ulm